Kleine Ägyptische Texte 11

1995

Harrassowitz Verlag · Wiesbaden

Wolfgang Helck

Die „Admonitions"
Pap. Leiden I 344 recto

1995

Harrassowitz Verlag · Wiesbaden

Die Deutsche Bibliothek – CIP-Einheitsaufnahme

Die „**Admonitions**" : Pap. Leiden I 344 recto /
Wolfgang Helck. – Wiesbaden : Harrassowitz, 1995
  (Kleine Ägyptische Texte ; 11)
  ISBN 3-447-03439-4
NE: Helck, Wolfgang [Hrsg.]; GT

Druck und Verarbeitung: Hubert & Co., Göttingen
Printed in Germany
ISSN 0340-1088
ISBN 3-447-03439-4

INHALT

EINLEITUNG

Der Papyrus Leiden I 344 recto ist 1909 von A. Gardiner unter dem Titel „The Admonitions of an Egyptian Sage" veröffentlicht worden; diese Bearbeitung bildete bis jetzt die Grundlage für alle Überlegungen über diesen Text und besonders auch für die Übersetzungen, von denen besonders die von Erman, Literatur, 92-108; Wilson, ANET, 441-444; Faulkner (nach Vorarbeiten in JEA 50, 1964, 24-36 und JEA 51, 1965, 53-62), Literatur, 210-229 und Lichtheim, Ancient Egyptian Literature, 150-163 zu nennen sind. Der Vergleich dieser Übersetzungen macht aber deutlich, daß an manchen Stellen noch nach einer Erklärung gesucht werden könnte. Dann könnte auch erneut die Frage aufgeworfen werden, um was für einen Text es sich bei den Admonitions eigentlich handelt und wann seine Entstehung anzusetzen ist - eine Frage, die besonders durch die Untersuchungen von van Seters, The Hyksos, 1966, neu aufgeworfen worden war.

Im folgenden soll versucht werden, den Textbefund zu sichern. Dafür konnte ich ausgezeichnete Photographien benutzen, die mir durch das Rijksmuseum zu Leiden zur Verfügung gestellt wurden, wofür ich den Herren dieser Institution sehr herzlich danke. Der Papyrus ist bekanntlich z.T. sehr fragmentarisch. So fehlen bei den letzten Kolumnen in wachsendem Umfang die Mittelteile. Gerade an den Rändern dieser Ausbrüche hat sich deutlich seit Gardiners Bearbeitung der Erhaltungszustand verschlechtert, so daß manches, was Gardiner noch hatte lesen können, jetzt unlesbar geworden ist. Aber schon Gardiner selbst mußte sich in diesen Textbereichen auf eine alte Umzeichnung stützen, die wiederum mehr erkennen ließ als 1909 noch vorhanden war. So bleibt Gardiners Bearbeitung weiterhin die Ausgangsbasis jeder Textuntersuchung, die allerdings auf Grund der Photographien an einigen Stellen modifiziert werden kann. Außerdem muß bei diesem Text, wie bei den meisten in ramessidischer Zeit niedergeschriebenen sog. Literaturwerken auf die Mißverständnisse der Schreiber geachtet werden, die sich in unserem Fall besonders in der Wahl falscher Determinative anzeigt.

Die Übersetzung soll die etwa vorgenommenen Emendationen oder Korrekturen verdeutlichen und den Inhalt des Textes verständlich machen, ohne dabei zu versuchen, Eigenheiten der ägyptischen Syntax nachzuvollziehen, besonders dann nicht, wenn die Sprache dadurch für Nichtägyptologen unverständlich wird. Auch die Frage der Metrik wird Berufeneren überlassen.

Auf ein Problem bei der Umsetzung des Hieratischen in Hieroglyphen muß noch hingewiesen werden. Gardiner gibt in seiner Umschrift eine größere Zahl von Schreibermißverständnissen an, die im hier geschriebenen Text stillschweigend verbessert worden sind, weil es sich wahrscheinlich nicht um echte Fehler, sondern um Schreibereigenarten handelt, wie etwa, wenn ⟨○⟩ sich dem ⟨○⟩ nähert oder sogar dem ⟨○⟩, oder wenn in einer Ligatur ein Zeichen stärker verändert wird. Außerdem muß endlich bemerkt werden, daß dort, wo Gardiner Zeichen als unsicher schraffierte, im vorliegenden Text diese Angabe nicht wiederholt wird, wenn die auf dem Photo sichtbaren Spuren eindeutig erkennen lassen, daß die gegebenen Zeichen dagestanden haben.

Im übrigen bedeutet   [........] = ergänzt

                         [(.....)] = zu streichen

                         <......> = eingefügte Auslassung

                         (.......) = in der Übersetzung: der Verständlichkeit hinzugefügt

I 1
Frg.

a. Lies: 𓎛

"[1] [..............................]

Die Tür[hüter] sagen: Wir wollen gehen und plündern.

Die Hersteller von Süßigkeiten [2] [.................]

[...]

Es weigert sich der (!) Wäscher, seine Last zu tragen.

Die Sei[3][ler...................................]

[...]

Die Vogelfänger - sie schließen [ihre] Reihen.

[4] [.................................]

Die Delta[bewohner] tragen Schilde.

Die Brauer [...............................]

2

A1 [hieroglyphs]

[hieroglyphs]

[hieroglyphs]

[Wahrlich, das Gesicht ist bleich,]
[..................................]
[Wahrlich, jedermann] trauert, weil ein Mann seinen Sohn
als seinen Feind ansieht.

Feindschaft [6][ist überall.]

A2 [hieroglyphs]

[hieroglyphs]

[Wahrlich, das Gesicht ist bleich,]
[...................................]
[Einer drä]ngt sich an den anderen:
Komm und überwältige die Boten,
[7][Wahrlich, ...]
[..................................]

A3 [hieroglyphs]

[hieroglyphs]

[hieroglyphs]

[Wahrlich, das Gesicht ist bleich,]
[denn es geschehen] die Dinge, die euch bestimmt sind in der Zeit des
Re und der Periode der [8][Neunheit].
[Wahrlich,..]

A4 [hieroglyphs]

[hieroglyphs]

[hieroglyphs]

[hieroglyphs]

[Wahrlich, das Gesicht ist bleich:]
Es geht der Charaktervolle in Trauer wegen der Geschehnisse im Land,
aber es geht [9][der Charakterlose in Freude.]
[Wahrlich,.................................]
aber die Fremden sind Ägypter geworden an allen Orten.

A5 [hieroglyphs]

4

[Wahrlich, das Gesicht ist bleich,]
10[...]
[Wahrlich, ...]
  denn was man den Vorvätern verkündet hat, ist eingetreten
                                              11[gänzlich.]

A6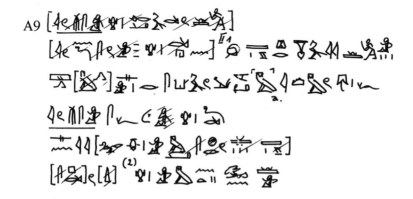

[Wahrlich, das Gesicht ist bleich,]
[..]
Wahrlich, nicht gibt es diejenigen, die entkommen (?) [.......]
[...........................]

        Die Zeilen 12-14 sind verloren; sie enthielten die Strophen A7
        und A8

A9

a. Kopierfehler:

[Wahrlich, das Gesicht ist bleich,]
[denn die Bürger berühren mit der][1] Stirn den Boden vor den Banden,
und jedermann geht mit dem Schild zum Pflügen.
Wahrhaftig, der Schwache spricht:
Es leidet [mein Herz wegen des Zustandes des Landes,]
denn der [2] [Aggres]sive[a][b] ist ein Besitzender[c].

  a. Zu znj-jb vgl. Wb III 461,1; 463,1
  b. Zur möglichen Ergänzung spd-ḥr vgl. CD 224: "alert".
  c. Zu ntj-wn „Reicher" vgl. Pap. Mill. I 6.

A 10

a. anstelle

Wahrlich, das Gesicht ist bleich,
denn der Bogenschütze ist bereit und Unrecht ist an allen Orten;
nicht gibt es einen Mann von Gestern mehr.
Wahrlich, der Räuber [plündert] überall,
[3] und der Diener behält das Weggenommene, das er gefunden hat.

B1

6

Wahrlich, der Nil fließt über,

aber keiner pflügt für ihn,

denn jedermann sagt: Wir wissen nicht, was über das Land hin geschieht.

B2

[hieroglyphs]

[4]Wahrlich, die Frauen sind unfruchtbar und man empfängt nicht.
Nicht schafft Chnum wegen der Lage des Landes.

B3

[hieroglyphs]

a. nach Gard.

Wahrlich, Bettler wurden zu Besitzern von Reichtum,

und der sich keine[5] Sandalen leisten konnte, ist Besitzer von Schätzen.

B4

[hieroglyphs]

a. nach Gard.

Wahrlich, deren Sklaven - ihre Herzen sind traurig[a],

denn die Beamten gesellen sich nicht zu ihren Leuten,

wenn sie schr[eien.][b]

a. znm „traurig" nach Wb IV 165,4, nicht „gierig"
(Wb IV 165,2 nach Bauer 282).

b. nhm hier nicht im Sinn von „jubeln" (so Lichtheim), sondern von „schreien" (so Faulkner)

B5 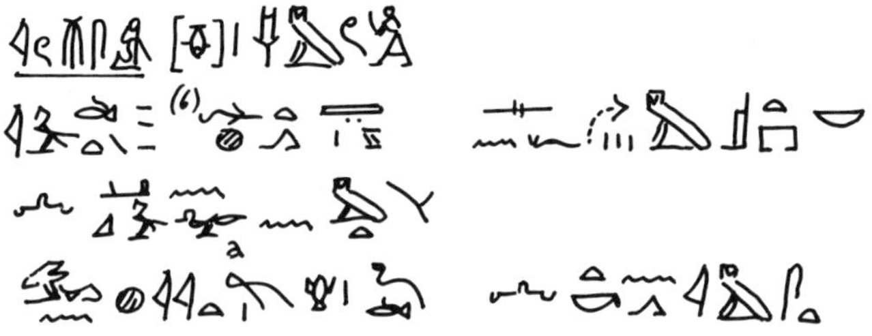

a. Das sonst unbekannte Verb ^{c}q3n/^{c}qn kommt noch in IV 2 und V 2 mit gleichem Sinn „aufhören“ vor. Gard. emendiert zu nhj (Wb II 280,11), was nicht nachvollziehbar ist; eher käme eine feste Verschreibung für qn (Wb V 49,1 ff.) in Frage. Oder besteht eine Verbindung mit dem CT-Dämon ^{c}qn (Meeks, AL II Nr. 780816)?

Wahrlich, das Herz ist voller Grauen[a],
denn Pest ist [6] über das Land hin und Blut an allen Orten.
Nicht hört der Tod auf,
und das Leichentuch[b] spricht, daß man sich ihm nicht nähern solle.[c]

a. zu sḫm „voller Grauen“ vgl. CD 241.
b. zu wnḫjt „Leichentuch“ vgl. Meeks, AL II Nr. 780997 nach CT II 166j = Faulkner, CT I, 119 n. 11.
c. Emendiere doch in nn tkn jm.s.

B 6 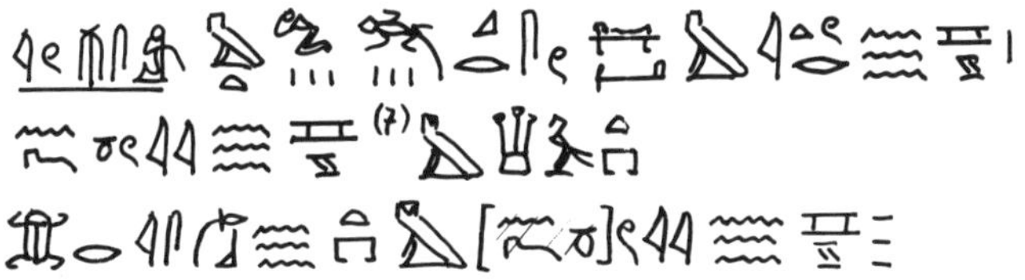

Wahrlich, viele Tote sind im Fluß begraben.
Der Strom[7] ist das Grab,
und die Balsamierungsstätte wird zum Strom.

8

B7 [hieroglyphs]

a. Lies [hieroglyph]

Wahrlich, die Edlen sind in Trauer,
aber die Bettler sind in Freude.
Jede Stadt sagt: Laßt uns die Starken[8] unter uns verjagen.

B8 [hieroglyphs]

a. lies [hieroglyph]

Wahrlich, die Menschen sind wie (schwarze) Ibisse,
Schmutz ist überall.
Nicht gibt es Helligkeit der Kleider in unserer Zeit.

B9 [hieroglyphs]

a. nach Gard. absichtlich abgewaschen.

Wahrlich, das Land dreht sich wie der Vorgang einer Töpferscheibe:
[9] ein Räuber ist ein Besitzer von Schätzen,
aber [ein Reicher][a] ist nun ein Plünderer.

a. ob [hieroglyphs] zu ergänzen?

B10

a. Lesung gegen Gard. nach Photo; vgl. S. 69 (1)

Wahrlich entblößt ist der Weg zur heiligen Stätte,
denn man treibt die Rinder [a] (darauf).
Der Bürger spricht: Wie schrecklich, was soll ich tun?

a. zu ḫsf „Vieh treiben" verweist CD 197 auf (u.a.) Pyr. 401.

B11

[10] Wahrlich, der Fluß ist Blut und doch trinkt man davon,
wenn man auch als [a] Mensch abgestoßen wird, da man nach Wasser dürstet.

a. vgl. Wb II 1, 25.

B12

Wahrlich, Tore, Säulen und Wände [a] sind verbrannt.
[11] Ist da die Halle [b] des Königshauses noch fest und dauernd?[c]

a. ḏrjt „Wand" vgl. Meeks, AL I Nr. 775254 (nicht "Kasten").
b. ḏrwt = ḏrjjt vgl. CD 324 nach Urk. IV 1379,8.
c. Sicher als rhetorische Frage aufzufassen, vgl. Gardiner, EG § 491.

10

B13 [hieroglyphs]

Wahrlich, gescheitert ist das Schiff des Südens;
zerhackt sind die Städte;
Oberägypten ist zum trockenen Hochland geworden.

B14 (12) [hieroglyphs]

12 Wahrlich, die Krokodile „rülpsen" an dem, was sie erbeutet haben, [a]
denn die Menschen kommen von selbst zu ihnen.
Verderben ist das für das Land.

        a. bfp ein sonst unbekanntes, aber sicher lautmalendes Wort.

B15 [hieroglyphs]

        a. Einleitungsformel ist sicherlich zu ergänzen!
        b. Zur Konstruktion s. EG S. 424 zu § 148,1.
        c. Nach den Spuren: [hieroglyph] wahrscheinlich.

(Wahrlich), man sagt: Tritt nicht dorthin,
denn siehe es ist ein[13] Netz.
Aber siehe, man gerät doch in die Falle wie die Fische,
denn der Furchtsame kann es nicht vor Schrecken erkennen.

B 16

Wahrlich, denn Menschen sind wenig geworden,
denn einer, der seinen Bruder in die Erde legt,[14] ist überall.
Die Rede des Weisen aber [verflüchtigt sich][a] ohne Zögern.

       a. nach Gard.

B 17

Wahrlich, der Sohn eines (angesehenen) Mannes, dessen Namen man
                        kennt, entbehrt seiner Anerkennung,
und das Kind seiner (Haus)herrin ist nun Sohn seiner Sklavin.

B 18

[1] Wahrlich, Wüste ist über das Land hin und die Distrikte sind zerhackt,
denn Fremde von draußen sind nach Ägypten gekommen.

B 19

Wahrlich, es gelangen [Asiaten ins [2] Land (o.ä.)],
und so kann es nirgendwo mehr Ägypter geben.

B 20 [hieroglyphic text]

Wahrlich, Gold, Lapislazuli, Silber, Türkis, Karneol, Amethyst,
„Smaragd" [und allerlei Edelsteine sind] [3] an den
Hals der Sklavinnen gehängt,
aber die Edelfrauen durchstreifen das Land,
und die Hausherrinnen sagen: Hätten wir doch zu essen.

B 21 [hieroglyphic text]

Wahrlich, Ekel [ist das Leben für die [4] Herzen] der Edelfrauen:
Ihre Glieder sind verunziert durch Lumpen,
und ihre Herzen sind niedergeschlagen bei [ihrer] Begrüßung.

B 22 [hieroglyphic text]

5 Wahrlich, aufgebrochen werden die Kästen aus Ebenholz,
und kostbares ssd-Holz [a] klafft an den Betten auseinander.
[..........................] ihre [......].

a. kostbares asiatisches (?) Holz, vgl. Charpentier, Botanique
égyptienne, Nr. 998; Chr. Müller, LÄ II 1265 (Johannis-
brotbaum ?).

B 23

Wahrlich, die Maurer gehen ein und aus bei den Landarbeitern,
und die im Gottesschiff waren, sind zwangsverpflichtet.

Zur Textgestaltung s. S. 69 (2)

Einschub I

[Wahrlich,] nicht fährt man nach [7] Byblos jetzt.
Was aber sollen wir anstelle des Nadelholzes für unsere
Mumien nehmen?
Man begräbt die Freien mit ihren Lieferungen
und salbt [8] die [Fürsten] mit dem zugehörigen Öl bis hin nach Kreta.
Sie kommen nicht mehr, denn es fehlt an Gold,
und das Material [a] für jede Arbeit ist aufgebraucht.
[9] <Die Dinge> des Staates sind geraubt.

14

Wie oft kommen denn noch die Oasenbewohner mit ihren Produkten:
Matten, [Tierfell]e, frische rdmt-Pflanzen und [10] Vogel[fett]

zum Erzielen von Gewinn[b]?

    a. ⟨hieroglyphs⟩ wird wahrscheinlich noch einmal V 9 genannt und
       ist CD 23 als eigenes Wort („materials (?) for handicrafts")
       aufgenommen. Vielleicht ist es aber der Wb I 94, 4-7 auf-
       geführte Pflanzenteil, der als Brennmaterial benutzt wird.

    b. r jb vielleicht mit n jb n Wb I 60,5 „wegen" gleichzusetzen.

Einschub II

a. Wegen der im Mittleren Reich mehrmals auftretenden Bezeichnung von Thinis und anderen oberägyptischen Orten als „im Kopf von Oberägypten" (vgl. Helck, Verwaltung, 12) möchte man die Formel auch hier annehmen. Allerdings entsprechen die erhaltenen Zeichenreste 𓍢 nicht ganz der sonstigen Schreibung von 𓈎 in unserem Papyrus: 𓏏 .

b. Die Ergänzung 𓊪𓏏[𓂝𓏤] dürfte sicher sein. Für den Beginn der Zeile 12 lehnt aber schon Gard. die Ergänzung qmjt „Gummi" wegen der erhaltenen Zeichenreste: 𓅓 ab. Sie passen aber zu einer Schreibung des Zeichens 𓏞 . Da sich weder im Wb noch bei Charpentier, Botanique égyptienne, bei Germer, Flora und auch nicht bei Harris, Minerals eine Pflanze oder ein Mineral nachweisen läßt, daß entweder mjt heißt oder auf mjt endet, möchte ich die Lesung ḥmjt vorschlagen für ḥm3jt / ḥmjt „Bockshornklee", die zwar in der Form 𓏞𓎛𓏏 𓏤 bisher nicht belegt zu sein scheint, aber sehr nahe an der üblichen Schreibung 𓏞𓎛𓏏 𓏤 liegt; vgl. Charpentier, op. cit., Nr. 748.

Wahrlich, Elephantine und Thinis, [das im Kop]f von Oberägypten [ist,] liefern nicht mehr wegen des [11] Aufstandes.
Es fehlt an Erdmandeln, Holzkohle, blauer Farbe, m3[c]-Holz, nwt-
       Holz und Reisig für die Arbeit der Handwerker
sowie an Johannis[brot[12 a] und Bockshorn]klee[b], dem Einkommen[c]
                     des Palastes.
Was aber ist ein Schatzhaus ohne seine Lieferungen?
Ist das Herz des Königs nicht nur dann froh, wenn Gaben zu ihm
                       kommen?
[13] Aber was jedes Fremdland [gesagt hat[d]:]
Das ist unser Wasser!
Das ist unsere Wiese!
Was können wir denn dagegen tun?
Alles ist verloren!

a. zu ḏ3rt vgl. Wb V 526,3 ff.; Charpentier, Botaniqe égyptienne, Nr. 1677 (Johannisbrot); R. Germer, Flora, 127
(Koloquinte, nach Dawson, JEA 20, 1934, 41 ff.).

b. Zu ḥm(3)jt „Bockshornklee" vgl. Charpentier, op. cit., Nr.
748; R. Germer, Flora, 68; Helck, Materialien, 802.

c. zu km als „Haben" im Buchhaltersinn vgl. Helck, Akten-
kunde, 21 und 58.

d. Bisher ist hier „Es kommt" ergänzt worden; bei einer Ergänzung von „Was gesagt hat" erhält der Text aber einen
einfacheren Sinn: das Ausland hält seine Produkte zurück.
Dann braucht auch mw nicht mit „success / fate" und w3ḏt
nicht mit „fortune/happiness" (so Faulkner bzw. Lichtheim)
übersetzt werden.

B 24

Wahrlich, das Lachen ist vergangen[14], [nicht] gibt es mehr sein Tun.
Stöhnen ist über das Land hin, vermischt mit Wehgeschrei.

B 25

a. nach Posener, RdE 5, 1946, 254.

Wahrlich, der Habenichts ist ein Reicher,
[1] und die Ägypter waren, <wurden zu Fremden>, die vertrieben wurden.

B 26

Wahrlich, das Haar ist bei jedem [ausgefallen],
und so kann man den Sohn eines (angesehenen) Mannes nicht von
dem unterscheiden, der nichts ist.

B 27

Wahrlich, [Taubheit ist entstanden], [2] wegen des Geredes,
und das Reden hat nicht aufgehört[a] in den Jahren des Geredes;
es gibt kein Ende des Geredes.

       a. vgl. zu II 6.

B 28

Wahrlich, Groß und Klein <sagen:> Ich wünschte, ich wäre tot.
Schon die Kleinkinder[3] sagen: Man hätte (mich) nicht leben lassen
sollen.

18

B 29

a. in V 6 wird die Strophe wiederholt und dabei nḥbt „Nak-
ken" in nḥt „Wunsch" verbessert.

Wahrlich, die Kinder der Beamten sind gegen die Mauern geschlagen,
und die <Wunschkinder> sind auf der Höhe ausgesetzt.

B 30

a. ḥr ist zu streichen.
b. der Vers wird in VI 14 wiederholt, allerdings ohne bedeut-
same Veränderungen.

[4]Wahrlich, die sich in der Balsamierungshalle befinden, sind
auf der Höhe ausgesetzt,
und das Geheimnis der Balsamierer ist auf sie geworfen.

B 31

a. schon Gard. sah, daß der Vers hier an falscher Stelle eingefügt worden ist und am richtigen Platz in V 12/13 wiederholt wird. Dort wird statt gfnw richtig gnw geschrieben.

[5]Wahrlich, jenes ist vernichtet, was noch gestern gesehen wurde,
und das Land ist im Zustand der <Schwäche> wie Flachsschneiden.

B 32

a. Ergänzung nicht sicher.
b. Gardiners Lesung.

Wahrlich, [6] das ganze Delta - nicht gibt es seine Verborgenheit,
und Unterägypten vertraut auf freigeschlagene Wege.
Was [7] kann da getan werden?
Nicht gibt es eine [Flucht] irgendwohin.
Man sagt: Weg mit dem geheimen Ort!
Seht, er ist in der Hand der Unwissenden wie der Wissenden.
[8] Ausländer aber sind [geschickt] in den Tätigkeiten des Deltas.

B 33

[Hieroglyphic text]

a. wie 𓆑𓄿 geschrieben.

b. Text schreibt: 𓂻, wobei dies eine andere Form (𓋴)
   als sonst (𓏏) hat.

c. Text schreibt: 𓏭

d. Text schreibt: 𓏤

e. Text schreibt: 𓎛

f. Text schreibt: 𓈖

Wahrlich, gegeben werden die Bürger(mädchen) an die Mühlsteine
und die in „Seide" gekleidet waren,[9] werden ungerecht [a] geschlagen.
Die aber nie den hellen Tag sahen, sind ungehindert herausgegangen.
Die auf den Betten ihrer [10] Ehemänner waren,
„Laßt sie auf der Erde [b] schlafen!".
Die immer wieder sagten: „Es ist zu schwer für mich",
                    wegen eines Säckchens [c] mit Myrrhen,
[11] die sind nun beladen mit Gefäßen voller Getreide.
Nicht kennen sie mehr die Sänfte,

und auch der Truchseß - er fehlt nun.

Es gibt auch die [12] zugehörige Begleitung [e] nicht mehr.

Es leiden bei sich die Edelfrauen wie die Dienerinnen:

Die Musikantinnen sind am Webstuhl [f] im Arbeitsraum,

[13] wobei sie für die Gesangsgöttin in Trauergesängen singen;

die aber [Gedichte] aufsagten, sind an den Mühlsteinen.

a. Wb V 518,5.

b. Wb IV 567,11 (⟨hieroglyphs⟩ „raft" CD 274 gibt es nicht).

c. Wb IV 560,6 (hier im ursprünglichen Sinn eines kleinen Lederbeutels, dann „Kissen").

d. gegen den Text ist der Singular anzusetzen.

e. Wb I 548,17 (dort im speziellen Sinn der „Grenzwache", hier wohl allgemein „Schutzbegleitung".

f. CD 104 mit Verweis auf AEO II, 215*.

B 34 ⟨hieroglyphs⟩

Wahrlich, alle Sklavinnen sind frech mit ihrem Munde,
aber die[14] Rede der Herrinnen ist lästig für die Dienerschaft.

B 35 ⟨hieroglyphs⟩

Wahrlich, Bäume sind gefällt und Äste abgeschlagen,
es trennt sich der(!) Sklave von [1] seinem Haus.

22

Einschub III

Die Leute werden sagen, wenn sie das hören:
Es fehlt das Gebäck für das Zubrot der Kinder;
nicht gibt es die unreife und die [verschiedenen] eingekerbten Syko-
morenfeigen mehr.
2„Wem ähnelt deren Geschmack heute?“

B 36

a. Text schreibt: 〰️

Wahrlich, die Beamten hungern aus Not,
aber man geleitet die Geleitdiener, so daß aufhört[a] [Bewachung]
3und Schutz.

a. Zu diesem Wort vgl. bei II 6.

B 37

Wahrlich, der Zornige sagt:
Hätte ich Kenntnis und wüßte, wo Gott ist, würde ich ihm gehorchen.

B 38

Wahrlich, Maat ist über⁴ das Land hin in diesem ihren Namen,
aber Unrecht ist es, was sie tun, wobei sie sich auf sie beziehen.

B 39

a. Text schreibt:

Wahrlich, der Eilbote kämpft für seinen Auftrag gegen den ⁵ Räuber,
aber man nimmt ihm alles weg.

B 40

Wahrlich, alles Vieh - ihre Herzen weinen,
und die Herden stöhnen wegen des Zustands des Landes.

B 41

a. Diese Zeilen wiederholen B 29 auf IV 3, hier jedoch mit
dem richtigen nḥt statt nḥbt und einer Zusatzzeile.

24

Wahrlich, die Kinder der Beamten - man schlägt sie gegen die Mauern,
und die Wunschkinder - man setzt sie auf der Höhe aus.
Chnum stöhnt [7] wegen seiner Müdigkeit.

B 42

a. wohl zu streichen.

Wahrlich, der Schrecken - er tötet.
Der Furchtsame sagt: Schließt euch dem an[a], der gegen eure
Feinde handelt,
denn nur Wenige bleiben unverletzt [8] und heil, weil sie klein sind.

a. Wb III 337,3 ff.

Einschub IV

a. Text schreibt:

Ist es beim Verfolgen des Krokodils und seinem Schlachten?
Ist es beim Zerlegen des Löwen und dem Rösten am Feuer?
Ist es [9] beim Wassersprengen für Ptah und dem Holen des Materials?
Warum opfert ihr ihm?
Es erreicht ihn nicht.
Unnütz ist das, was ihr ihm opfert.

B 43 [hieroglyphs] (10)

a. Text schreibt: [hieroglyph]
b. verbessere in: [hieroglyph]

Wahrlich, Sklaven [herrschen[10] ....] über das Land;
ein Starker sendet zu allen Leuten.
Es erschlägt ein Mann seinen leiblichen Bruder.
Was kann man da tun?
[11] Ich sage: <Alles ist> vernichtet.

B 44 [hieroglyphs] (12)

a. Ergänzung unsicher.

Wahrlich, die Wege sind [bewacht] und die Straßen beobachtet.
Man sitzt in den Büschen, bis der Nachtwanderer kommt,
[12] um seine Ladung wegzunehmen.
Geraubt wird das, was bei ihm ist,
und er fühlt den Schlag des Knüppels und wird verbrecherisch
erschlagen.

B 45

[hieroglyphic text]

Wahrlich, jcncs ist[13] vernichtet, was gestern noch gesehen wurde,
und das Land ist im Zustand der Ermattung wie (beim) Schneiden
von Flachs[a].
Die Bürger gehen heraus[14] aus Not;
die Juweliere sind beim Auftrag der Goldwaschanlagen.
Ach wäre doch ein Ende unter den Menschen, keine Empfängnis
und keine [1]Geburt!
Dann schwiege die Erde vom Lärm und es gäbe keinen Streit.

       a. Diese Zeile schon in IV 4, dort mit Schreibfehler gfn.

B 46

[hieroglyphic text]

      a. Vom Kopisten offen gelassen, wohl weil in der Vorlage
         zerstört (oberer Rand!).
      b. Der Kopist verlas ein *[sign]* zu *[sign]* (= r.j).

Wahrlich, <man ißt> vom Gras, heruntergespült mit Wasser.
[2]Nicht findet man mehr Körner und Gras für die Vögel.
Weggenommen sind die [Früch]te aus dem Mund der Schweine.
Kein Gesicht ist mehr schön wegen des Gebeugtseins [3] aus Hunger.

B 47 [hieroglyphs]

[hieroglyphs]

[hieroglyphs]

[hieroglyphs]

[hieroglyphs]

[hieroglyphs]

[hieroglyphs]

[hieroglyphs]

a. für [hieroglyphs]

Wahrlich, Getreide fehlt auf allen Wegen,
und Mangel ist an Kleidern, Kosmetika[a] und Salbe.
Jedermann [4] sagt: Es gibt nichts.
Die Magazine sind leergeräumt,
und sein Wächter liegt ausgestreckt auf der Erde.
Nicht gibt es etwas Erfreuliches[b] für mein Herz, indem ich [5] völlig
am Ende bin.
Hätte ich doch meine Stimme erhoben im richtigen Augenblick,
da hätte sie mich vor der Qual gerettet, der ich mich in ihr
befinde.

a. Wb III 400,4.
b. Wb IV 120,14.

B 48 [hieroglyphs]

[hieroglyphs]

Wahrlich, die abgesicherte Vorhalle - geraubt sind [6] ihre Akten,
und offengelegt ist das Geheimbüro, das <in ihr> war.

B 49 [hieroglyphs]

a. [hieroglyph] ist zu streichen

Wahrlich, die Zauber sind enthüllt,
und die Sprüche des Gehens und des Totendienstes [7] sind wirkungslos,
wegen der Erinnerung an sie durch die Menschen.

B 50 [hieroglyphs]

Wahrlich, geöffnet wird das Büro und weggenommen seine Register,
und so werden zugewiesene Leute zu Herren von [8]Zugewiesenen.

B 51 [hieroglyphs]

Wahrhaftig, [die Schreiber] sind erschlagen und ihre Akten geraubt.
Wie übel ist mir wegen der Nutzlosigkeit[a] zu seiner Zeit.

a. vgl. zu V 9.

B 52 [hieroglyphs]

Wahrlich, [9] die Katasterschreiber - ihre Akten sind vernichtet,
und das Korn Ägyptens ist „Allgemeingut".

B 53 [hieroglyphs] (10) [hieroglyphs]

a. fehlerhaft wie [hieroglyphs] geschrieben.

Wahrlich, die Gesetze der [10] Halle sind herausgeworfen,
und man läuft sogar über sie auf den Plätzen;
der Pöbel zerreißt (sie) dort in [11] den Straßen.

B 54 [hieroglyphs]

Wahrlich, der Pöbel ist in den Zustand der Neunheit gelangt,
und jene Dienstanweisung des Dreißigerrates wurde entblößt.

B 55 (12) [hieroglyphs]

[12] Wahrlich, die Große Halle ist ein Heraus und Herein,
und der Pöbel geht und kommt in den Gerichtssälen.

Einschub V

(13) [hieroglyphs]

(14) [hieroglyphs]

a. verschrieben: [hieroglyphs]

30

Wahrlich, [13] die Kinder der Beamten liegen auf den Straßen.
Der Wissende sagt Ja,
der Törichte sagt Nein,
wer es aber nicht weiß, [14] in dessen Augen ist es schön.[a]

> a. Zitat aus der Lehre des Amenemhet (Helck, KÄT XIV A),
> deren erhaltene Texte aber bereits eine verderbte Überliefe-
> rung geben, denn der Urtext hieß: jw ms md<u>d</u>t ꜥš3t m mrwt
> „Es ist viel Haß auf den Straßen". Schon der Pap. Millin-
> gen macht aus ms<u>d</u>t „msw", indem ein ⌐ in ⌐ verlesen
> wurde. Dabei bleibt aber das zu ms<u>d</u>t gehörige Det. 𓀁
> erhalten (Helck, JEOL 19, 464 ff.). In den Admonitions
> wird zu „Kinder der Beamten" verändert und ein ḫ3ꜥ einge-
> fügt, um einen neuen Sinn zu erhalten.

Wiederholung von B 30

Wahrlich, die sich in der Balsamierungshalle befinden, sind auf den
                                                    Höhen ausgesetzt,
und das Geheimnis des Balsamierens ist auf sie geworfen.

C 1

> a. Text schreibt:

[1]Seht doch, das Feuer ist nach oben gestiegen,
und die Flamme geht heraus gegen das Land.

C 2

Seht doch, es werden Dinge getan, die niemals bisher geschehen waren:
Weggenommen wurde [2] der König durch den Pöbel.

C 3

Seht, wer als Falke begraben werden solle, <ruht nun>[a] in einem
Papiersarg[b],
wobei das Verborgene der Pyramide beginnt leer zu werden.

> a. wahrscheinlich so o.ä. zu ergänzen. Vgl. Wb IV 391,21.
> b. šfdjjt (Antefoker) bzw. šfdw (TT 110) erscheint im rituellen
> Totenbegräbnis. Wegen der Ableitung von šfdw „Papyrus"
> doch ein aus diesem Material hergestellter Sarg - hier im
> pejorativen Sinn.

C 4

Seht doch, es beginnt beraubt zu werden [3] das Land vom Königtum
durch einige Leute, die die Schicksalsbestimmungen nicht kennen.

C 5

Seht doch, begonnen wurde zu rebellieren gegen den mächtigen
Uräus des Re, der [4] die beiden Länder befriedet.

C 6 [hieroglyphs]
[hieroglyphs]

Seht, das Geheimnis des Landes, dessen Grenzen unbekannt sind,
ist entblößt,
und die Residenz - sie hat sich in einem Augenblick geneigt.

C 7 [hieroglyphs]
[hieroglyphs]

Seht, Ägypten beginnt [5] auszuspucken;
wer aber ausspuckt, der hat den Machtvollen ins Unheil gerissen.

C 8 [hieroglyphs]
[hieroglyphs]

Seht, herausgerissen wird die Schlange aus ihrer Höhle,
und entblößt wird das Geheimnis der [6]oberägyptischen und der
unterägyptischen Könige.

C 9 [hieroglyphs]
[hieroglyphs]

a. Text schreibt: [hieroglyphs]

Seht, der Palast fürchtet sich wegen der Not,
denn <jedermann> will Aufruhr entfachen ohne Gegenwehr.

C 10

[7]Seht, das Land - es hat sich in Parteien zusammengefunden;
der Tapfere aber - der Feigling nimmt seinen Besitz weg.

C 11

Seht, die Schlange packt die Toten.
[8]Wer sich aber keinen Sarg machen konnte, ist nun Herr eines Grabes.

C 12

a. Text schreibt: ▯⌐⌐

Seht, die Herren der Balsamierungsstätte sind auf die Höhen gestoßen;
wer aber sich kein Begräbnis leisten konnte, ist jetzt <Herr> einer
Mumifizierungsstätte.

C 13

[9]Seht doch die Veränderungen der Menschen:
Wer sich keine Hütte bauen konnte, ist jetzt Besitzer einer Villa.

34

C 14 [hieroglyphs]

Seht, die Distriktskollegien des Landes sind über das Land hin vertrieben;
vertrieben werden auch die <Vorsteher> in den Gutsanlagen
¹⁰der Könige.

C 15 [hieroglyphs]

a. Text schreibt: [hieroglyphs]

Seht, die Edelfrauen sind am Brunnen,
und die Beamten im Arbeitshaus.

C 16 [hieroglyphs]

    a. auf Grund des Inhalts der folgenden Zeile muß hier die
      erste Zeile eines Couplets ausgefallen sein.
    b. Text schreibt: [hieroglyphs]

<Seht, ...;>
wer aber nicht einmal auf dem harten Boden schlafen konnte,^a
                    ist jetzt ein Besitzer eines Bettes.

    a. Wb V 599,1.

C 17 [Hieroglyphen] (11)

[Hieroglyphen]

Seht, der Reiche [11] schläft durstig,
wer aber sich seine Neige erbitten mußte, ist jetzt Besitzer
von Starkbier.[a]

    a. vielleicht vgl. Wb IV 258,5 ḥnqt sḫr.

C 18 [Hieroglyphen]

[Hieroglyphen] (12)

Seht, die Besitzer von Kleidern sind in Lumpen;
wer aber nicht[12] für sich weben konnte, ist Besitzer von „Seide".

C 19 [Hieroglyphen]

[Hieroglyphen]

    a. streiche [Hieroglyphen]

Seht, wer nicht für sich ein Boot zimmern konnte, ist nun der
Besitzer einer Flotte.
Ihr Herr sieht sie, aber sie gehört ihm nicht mehr.

C 20 (13) [Hieroglyphen]

[Hieroglyphen]

[13] Seht, wer nicht seinen Schatten fand, ist Besitzer von Schatten.
Die Besitzer von Schatten aber sind im Sturmgebraus.

C 21 [hieroglyphs]

(14) [hieroglyphs]

Seht, wer die Lyra nicht kannte, ist ein Besitzer einer Harfe,
[14] und wer nicht für sich sang, rühmt die Gesangsgöttin.

C 22 [hieroglyphs]

[hieroglyphs]

Seht die Besitzer von Gefäßständern aus Erz -
      nicht ist der (Ton)topf von einem davon bekränzt.

C 23 [hieroglyphs] (VIII A) [hieroglyphs] sic [hieroglyphs]

[hieroglyphs]

Seht, wer schlief [1] unbeweibt aus Not, findet Edelfrauen;
wenn einer nicht aufsehen durfte, der steht angesehen[a] da.
      a. swdn = wdn Wb I 390,10/1?

C 24 [hieroglyphs]

(2) [hieroglyphs]

Seht, ein Habenichts ist Besitzer von Schätzen,
[2] und der Beamte lobt ihn.

C 25 [hieroglyphs]

Seht, die Bettler des Landes werden zu Reichen,
aber ein Besitzer von Dingen ist ein Habenichts.

C 26 [hieroglyphs]

Seht, Truchsesse [3] werden zu Herren von Mundschenken,
und wer Bote war, schickt nun einen anderen.

C 27 [hieroglyphs]

Seht, wer nicht sein Brot hatte, ist Besitzer eines Speichers,
ausgestattet ist [4] seine Scheune mit dem Besitz eines anderen.

C 28 [hieroglyphs]

Seht, wem das Haar ausfiel, weil er nicht seine Salbe hatte,
    ist Besitzer von Krügen süßer Myrrhe geworden.

C 29 [hieroglyphs]

[5]Seht, diejenige, die kein Kästchen besaß, ist Besitzerin einer Truhe,
und die ihr Gesicht im Wasser betrachtete, ist Herrin eines Spiegels.

C 30   [Hieroglyphen]   (abgebrochen!)

Einschub VI

[Hieroglyphen]

[Hieroglyphen]

[Hieroglyphen]

[Hieroglyphen]

[Hieroglyphen]   (folgt freier Raum)

Seht, glücklich ist ein Mann beim Essen [6] seiner Speise.
Verzehre deinen Besitz in Freude,
     ohne daß es für dich einen gäbe, der dich hindert.
Nützlich ist es für einen Mann, seine Speise zu essen,
denn Gott weist sie dem zu, den [7] er gelobt hat.

Wiederaufnahme von C 30

[Hieroglyphen]

[Hieroglyphen]

Seht doch, wer seinen Gott nicht kennt, opfert ihm jetzt vom
     Weihrauch eines anderen, ohne daß der es weiß.

C 31 [Hieroglyphen]

[Hieroglyphen]

      a. Text schreibt: [Hieroglyphen]
      b. Text schreibt: [Hieroglyphen]

⁸ Seht, große Edelfrauen, Besitzer von Kostbarkeiten, geben ihre
Kinder beim Handeln hin.^a.

> a. zu ḫnt vgl. Wb III 102,6. Mit ḫnkjt dürfte sich ein frem-
> des Wort in die Schreibung hineingedrängt haben. Vgl.
> Dévaud, Maximes Nr. 96 (P) mit 107 (L 2)!

C 32

Seht doch: ein [geringer] Mann [nimmt sich gewaltsam]⁹ eine Edelfrau
zum Weib;
es schützt ihn ihr Vater, der ihn nicht erschlägt.

C 33

Seht, die Kinder der Distriktsbeamten sind in Lumpen,
[und man gibt die Kälber]¹⁰ ihrer Kühe den Räubern.

C 34

Seht, die Kleinbauern essen von den Rindern,
die Armen [aber werden zu] Räubern.

Zu nswtjw s. S. 70 (3).

C 35 [hieroglyphs]

[hieroglyphs] (12)

a. Text schreibt: [hieroglyphs]

[11]Seht, wer für sich nicht schlachtete, schlachtet nun Qualitätsrinder;
wer nicht servieren[a] konnte, sieht jetzt [Fleischstücke] jeder [Art]

a. zu ḥn vgl. Wb III 101,5.

C 36 [hieroglyphs]

[hieroglyphs]

a. lies: [hieroglyphs]

[12]Seht, die Kleinbauern essen von den Gänsen,
die man den Göttern als Ersatz für Rinder gibt.

C 37 [hieroglyphs] (13) [hieroglyphs]

[hieroglyphs] (freigelassen)

Seht, die Sklavinnen [..........][13] opfern Ferkel[a],
aber ihre Edelfrauen <...............>

a. zu 3pḥ/jpḥ „Ferkel" vgl. H. te Velde, Fs Kákosy, 571
Anm. *. S. ferner S. 71 (4).

C 38 〔Hieroglyphen〕

> a. Text schreibt: 〔Hieroglyphen〕 d.h. der Kopist hat die Schreibung 〔Hieroglyphen〕 falsch getrennt.

Seht, die Edelfrauen eilen in gemeinsamer Flucht,
[14] und ihre [Herzen] sind niedergedrückt in Todesfurcht.

C 39 〔Hieroglyphen〕

<Seht,> die Obersten des Landes fliehen,
denn nicht gibt es mehr ihre Aufgaben aus Mangel eines Herrn der Gunst.

C 40 〔Hieroglyphen〕

[Seht],[1] die Besitzer von Betten sind auf dem Boden,
wer aber (im) Schmutz schlief, ist einer, der sich ein Kissen
                                                        ausbreitet.

C 41 〔Hieroglyphen〕

Seht, die Edelfrauen beginnen zu hungern,
aber die Kleinbauern sind satt mit dem, was[2] für sie gemacht wurde.

C 42

Seht, kein Amt ist mehr an seinem Platz,
und <die Menschheit> ist wie eine umherirrende Herde ohne ihren Hirten.

C 43

Seht, das Vieh läuft herum ohne seinen Aufseher,
[3] und jeder holt für sich und stempelt es mit seinem Namen.

C 44

a. Text schreibt

Seht, erschlagen wird ein Mann neben seinem Bruder,
der aber flieht, denn, <siehe,> er will sich retten.

C 45

Seht, [4] wer kein Gespann hatte, ist nun Besitzer einer Herde,
und wer keine Pflugochsen fand, ist nun Besitzer einer Viehherde.

C 46

Seht, wer kein Saatkorn hatte, ist Besitzer einer Scheune,
[5]und wer sich ein Saatgutdarlehn holen mußte, ist einer, der es
ausgibt.

C 47

Seht, wer keine abhängigen Familienangehörigen hatte, ist jetzt
Herr von Hörigen,
und wer <ein Aussendender>[a] war, ist einer, der selbst Aufträge
ausführen muß.

a. Wb II 480,1

C 48

Seht, die Mächtigen des Landes - nicht wird [6][ihnen] der Zustand
des Volkes gemeldet.
Alles ist vernichtet!

C 49

Seht, alle Handwerker - nicht arbeiteten sie,
denn der Feind hat ihr Handwerk verarmen lassen.

44

C 50

[Seht, wer [7]] die Ernte [registrierte,] weiß nichts mehr davon;
wer nicht [für sich gepflügt hat, ist Besitzer einer Ernte,]
[Das Abernten] geschieht, aber es wird nicht gemeldet.
Der Schreiber - [8] seine Arme sind [ermattet] in seinem Zelt[a].

a. Wb III 368,1:

D 1

a. diese Zeile nach Gard.

Vernichtet ist [...]
[...........................] sein [....] zu seiner Zeit.
Es blickt ein Mann [9] [auf seinen Bruder wie] auf seinen Feind.
Der Schwache aber bringt Kühlung [..................]

[.......................... in der Tor]halle der Furcht.
Nicht [10] [..................................]
indem der Pöbel [.....................[11]............]
Nicht ist die Erde deshalb hell.

D 2

a. Ergänzung ungesichert
b. Text schreibt:

Vernichtet [sind die ....] und ihre Speise von ihnen [genommen].
[12] [...................................] die Furcht vor seinem Schrecken.

Es bittet der Kleinbürger [........................ einen] Boten.

Nicht aber [13] [.....................] Zeit.

Er wird gefangengenommen, beladen mit seinen Sachen.

Er wird weggeführt [...................].

Man geht an seiner Tür vorbei.

[14] [Der Priester sitzt hint]er einer Wand im Vorraum der Kammern mit
      Falken und Widdern [und verbringt den Tag ohne] Licht.

Der Kleinbürger aber, er erwacht,[1] wenn es für ihn Tag wird.
                ohne Schrecken.

Man eilt dahin mit dem Wind[a], sobald sich (auf der Haut) Blasen
      bilden[b] wegen der Stärke der Hitze im Haus;

Zelte sind es, [2]die sie aufschlagen wie Nomaden.

    a. Wb II 23,15; 24,1
    b. Wb III 367,11.

D 3

          a. lies:

Vernichtet ist das Tun dessen, wozu ausgesandt worden ist durch Ge-
      leitsleute im Auftrag ihrer Herren,

denn es gibt nicht mehr ihren Gehorsam.

Siehe, 5 Mann sind es [3] und sie sagen:

Geht ihr doch auf dem Weg, den ihr ja kennt,

denn wir sind gerade erst angekommen.

Einschub VII

a. gegen Gard. sind die Zeichenspuren so:
b. nach Gard., der liest.

Es weint ja Unterägypten.
Das Arbeitshaus des Königs ist Allgemeingut [4] für Jedermann
und dem Staat insgesamt fehlen seine Einkünfte.
Es gehören ihm doch Emmer und Gerste, Vögel und Fische;
es gehören ihm doch weiße Kleider, „Seide", Kupfer und Salben;
[5]es gehören ihm doch Teppiche, Matten, [Blumen][a] und Garben,
      jede vollendete Lieferung, die produziert ankommt.
Wenn aber die Versorgung ausfällt [6] im Staat,
      so kann man nicht frei sein vom [..........] unrechtmäßig.

a. die Lesung der Zeichenreste war mir nicht möglich.

48

E 1

Vernichtet die Feinde der edlen Residenz, glänzend an Gremien,
[...............],[7] die in ihr waren wie [.........]
[....................................].
Geht doch sogar der Vezir, ohne daß es für ihn eine Polizeieskorte
gibt.

E 2

[Vernichtet die Feinde der edlen Residenz][8] glänzend an [.........]
[.................................]

E 3

[Vernichtet die Feinde] jener edlen Residenz, mit vielen Gesetzen,
[...............[9]...............]

E 4

E 5

[Vernichtet die Feinde][10] jener edlen [Residenz ....]
[..........................]

E 6

Vernichtet die Feinde jener [edlen] Residenz, [..........]
[11] Nicht konnte man widerstehen [................].

E 7

[Vernichtet die Feinde] jener edlen [Residenz,] mit vielen Büros;
jedoch [....................]

F 1

    a. Gard. emendiert zu:

    b. Text gibt

[12] Erinnert euch, einzutauchen [.............]
[.....] den Patienten nach seiner eigenen Weise (?)
Es verehrte [........................]

50

[............]¹³ [....] bei seinem Gott.

Er schützt den Mund [................].

[......] seine Kinder, die zeugen (?) für das Steigen der Flut.

F 2

    a. Det. ⟨hiero⟩ fehlerhaft wegen ḫd „stromab fahren".

    b. Ligatur.

Erinnert euch, ¹die Scheune zu füllen, mit Weihrauch zu räuchern und Wasser darzubringen in einem Krug am frühen Morgen.

F 3

Erinnert euch, fette r3-Gänse, trp-Gänse und ² z3t-Gänse ⟨darzubringen⟩ und Gottesopfer den Göttern zu opfern.

    a. emendiere mit Gard. zu: ⟨hiero⟩

F 4

Erinnert euch, Natron zu kauen und Weißbrot zuzubereiten
  ⟨wie es getan wird⟩ durch einen Mann am Tage des Kopf-
                          benetzens.

F 5 (3)

^{3} Erinnert euch, Flaggenmasten zu errichten und Stelen zu meißeln,
wenn der Priester die Tempelanlagen reinigt,
^{4} und das Gottshaus gekalkt ist wie mit Milch,
sowie den Geruch des Horizontes süß zu machen
und die Opferbrote festzusetzen.

F 6

Erinnert euch, die Vorschriften zu beachten und die Termine fest-
zulegen
und abzuweisen den,^{5} der zum Priesterdienst antritt in Unreinheit
des Körpers.
Das zu tun ist Sünde, das ist Herzensverderbnis
[und wird bestraft (o.ä.)] am Tage vor der Ewigkeit,
wenn die Monate alt ^{6} geworden sind und die Jahre bekannt.

F 7

Erinnert euch, Ochsen zu schlachten
[und allerlei Kleinvieh (o.ä.) darzubringen] [vom Besten] eurer Listen.

F 8

Erinnert euch, herauszugehen und [7][den Gott] zu suchen, der
euch zuruft,
Gänse aufs Feuer zu legen, [.....................]
den Bierkrug zu öffnen und [8][.........] abzuwehren am Hafen der Flut.

F 9

[Erinnert euch ....]
[.........................] die [.......] der Frauen.
[... [9] ....]
[.................................] Kleidung.

Es ist eine wahrscheinliche Annahme, daß mit Zeile 10 der
Teil „G" begonnen hat.

(10)

(11)

(12)

(13)

(XI,1)

(2)

(3)

a. Ergänzung nach Gard.

[10] [.......................] um zu preisen.

[.................................]

[..........................] um euch zu beruhigen.

[11][........................ aus] Mangel an Menschen.

Kommt [................................]

[....................................] des Re,

[der] befahl [........[12]....] beim ihn Verehren [bei] der Fahrt zum Westen,

                 bis wenig werden [.............] durch [die Gött]er.

Seht, warum sucht er [13]<Menschen> zu schaffen,

wenn der Feigling nicht vom Tapferen zu unterscheiden ist?

Wenn er Kühle auf die Hitze brächte,[1] so würde man sagen:

Er ist ein Hirt für alle ohne Übel in seinem Herzen.

Klein ist seine Herde,

doch verbringt er den Tag, um sie zu hüten <im> [2] Feuer seines Herzens.

Hätte er doch ihren Charakter in der ersten Generation erkannt,

so hätte er Hindernisse errichtet und seinen Arm dagegen erhoben.

Er hätte [3] seine Menschheit[a] und ihre Erben vernichtet.

Wenn man hingegen Geburt wünscht,

so ist Trauer entstanden und Herzensnot überall.

So ist es[4] und es vergeht nicht, da diese Götter darunter sind.

Es geht der Same heraus in die Frauen der Menschen,

denn man findet nicht <die Kinder> auf dem Weg.

Streit ist herausgekommen,

[5] aber der, der den Frevel abwehren sollte, ist es, der (ihn) ihnen

geschehen läßt.

Nicht gibt es einen Piloten in ihrer Stunde.

Wo ist er denn heute?

Schläft er etwa?

Seht,[6] nicht schaut man seine Macht.

Hätten wir bitten müssen[b], hätte ich dich nicht angetroffen.

Nun ruft man mich nicht umsonst.

    a. ⸗ ist nicht wie bisher zu ⸗ zu emendieren bzw.
mit Wb I 171,2 als eigenes Wort „Sünde" aufzunehmen,
sondern es gehört mit CD 39 zu ʿwt „Herde". Meeks, AL
II Nr. 780654 verweist auf Stellen in den CT, wo ⸗
als „les humaines" aufzufassen ist; vgl. die Phrase „Vieh
Gottes".

    b. snm nicht „speisen", was kaum Sinn gibt, sondern wie
später häufig, als snmḫ „anflehen, bitten" (vgl. CD 232)
aufzufassen. Der Sinn erfordert die Streichung von ⸗ .

G (Forts.)

a. Text schreibt:

„Widerstand dagegen ist Herzenszerstörung"[7]
     ist ein Sprichwort im Munde eines jeden,
        denn gerade jetzt ist die Furcht davor <größer> als vor
                Millionen von Menschen.
Nicht sieht [man einen Schützer] [8] vor den Feinden,
[und es gibt keinen, der hilft (o.ä.) gegen die, die] vor ihm
                Unruhe [hervorrufen,]
eintretend gegen die Tempel, [...................]

[9] Es weinen die, die vor [................. sind,]

[denn, siehe, er] ist es ja, der das, was er gesagt hat, verdreht.

Wie oft ist denn das Land [schon betrogen woden (o.ä.)?]

[10] Das Land aber [.....................]

[beim] Verbrennen der Statuen und Zerstörung der zugehörigen

Gräber.

Es sorgt sich [jeder,][11] der den Tag jeg[lichen Unheils] sieht.

Wer sich nie <Sorge> machte zwischen Himmel und Erde,

der fürchtet sich vor Jedermann.

[12] Würde er es aber auch tun, wenn wir eingreifen[a] würden

bei seinem dagegen Angehen[b],

da du ja das Rauben haßt?

a. pḥ „eingreifen" Wb I 534,5.

b. ms „gegen etwas zielen" vgl. CD 116.

G (Forts.)

a. Text schreibt:

Gedanke, Ausspruch und Weltordnung sind bei dir,
aber es ist Unruhe, [13] die du über Land hin angerichtet hast
und die Stimme der Aufrührer.
Siehe, einer fällt über den anderen her,
und man ignoriert, was du befohlen hast.
Wenn 3 Männer [14] auf dem Weg gehen, findet man nur noch 2 Männer,
denn die Mehrheit erschlägt die Minderheit.
Liebt denn ein Hirt den Tod?
Gerade du hast befohlen, daß es getan werde.
[1]Das ist aber Perversion der Liebe,
daß einer den anderen haßt.
Das ist Verschlechterung der Charaktere in jeder Hinsicht.
Das ist, weil du gemacht hast, daß Böses entstünde.
[2] Du hast gelogen.
Das Land ist ein Giftkraut, das die Menschen tötet.
Man denkt nicht mehr ans Leben,
denn diese ganzen Jahre ist [3] Krieg.

G (Forts.)

a. Text schreibt:

b. Text schreibt:

c. nach Gard.

Man tötet einen Mann auf dem Dach seines Hauses, wenn er in seinem
Grenzgebäude wacht.

Ist er tapfer, so rettet er sich und ist einer, der am Leben bleibt.

[4] Man schickt einen <Läufer> zu den Kleinbürgern;

er geht auf dem Weg, bis er die Flut sieht.

Weggerissen ist der Weg,[5] und er steht betrübt da.

Geraubt wird, was bei ihm ist,

wobei er die Stockhiebe fühlt
und verbrecherisch erschlagen wird.
Könntest du noch einige[6] seiner Schmerzen fühlen,
dann würdest du sprechen.
Verschließe doch nicht [deinen] Mund,
[............................]
[.....................] sein [.......][7] bei einem anderen an der Mauer.
          über das hinaus [.....................]
[.....................][8] heiße [.......] gegen den Leib.
Jahre des Redenhaltens [........................]
[.....................[9].....]

H 1

[Es ist wirklich] gut, wenn die Flotte nach Süden fährt,
[..]
[10] [und keiner (o.ä.)] beraubt sie.

H 2

Es ist wirklich gut, [.....................]
[........................]

H 3

a. Text schreibt:

[11] Es ist wirklich gut, wenn das Netz zugezogen wird
und man die Vögel am Abend bindet.

H 4 [hieroglyphs]

Es ist wirklich gut, [wenn man macht (?)] [12] Ehrungen für sie und Wege zum Spazierengehen.

H 5 [hieroglyphs]

a. Text schreibt: [hieroglyphs]

Es ist wirklich gut, wenn die Arme der Menschen Pyramiden bauen, [13] Kanäle graben und Baumgärten für die Götter anlegen.

H 6 [hieroglyphs]

a. Text schreibt: [hieroglyphs]

Es ist wirklich gut, wenn die Menschen trunken sind,
    indem sie „Sekt" trinken [14] und ihre Herzen glücklich sind.

H 7 [hieroglyphs]

Es ist wirklich gut, wenn Jubel in den Mündern ist,
wenn die Distrikthonoratioren dastehen und den Jubel sehen [1] in
ihren Häusern
bekleidet mit feinem Leinen,
gereinigt oben und richtig angezogen oberhalb[a].

a. zu srw_d vgl. Wb IV 194,22; zu ḥr „oben" Wb III 142,15.

H 8

a. vom Kopisten mißverstanden.

Es ist wirklich gut, wenn die Betten [2] gemacht sind
und die Kopfstützen der Beamten sicher aufbewahrt sind;
wenn der Wunsch eines jeden zufriedengestellt ist mit einer Matte
im Schatten
[3]und die Tür verschlossen ist vor ihm, der in den Büschen schläft.

H 9

Es ist wirklich gut, wenn „Seide" ausgebreitet ist am[4] Tage des
Neujahrsfestes.

[und wenn die Kleider liegen (o.ä.)] am Ufer.

„Seide" ist ausgebreitet und feines Leinen ist auf dem Boden.

Der Vorsteher des Lei[nens ....]

[5] [..................................] Bäume.

Die Kleinbürger [........................

Die Zeilen XIV 6-9 sind verloren; in ihnen hat der Abschnitt I begonnen.

I.

[...................]¹⁰ sie den Rest der Beute.

[............................. beim Stro]mauffahren.

Man hat das Nord(?)-Land eingesperrt [...........]

[.............]¹¹ in seinem Umkreis wie Asiaten.

[.......................................]

Man <kennt> ihren Zustand <nicht.>

Sie sind für sich am Ende.

¹² Nicht kann man jemand finden, der dasteht und sie vor [Libyern
und A]siaten schützt.

Ein jeder kämpft für seine Schwester und schützt sich selbst.

¹³ Sind es Nubier? Dann wollen wir unseren Schutz organisieren,
indem die Kämpfer, die die Ausländer abwehren sollen, vermehrt
werden.

Sind es Libyer? ¹⁴ Dann wollen wir ein Rückwenden machen.

Die Matoi sind freundlich mit Ägypten.

Warum tötet aber jeder seinen Bruder?

Die Soldaten,¹ die wir für uns ausgehoben haben, sind Ausländer
geworden und beginnen zu zerstören.

Was aber daraus geworden ist, ist, daß die Vorschriften des Landes
den Asiaten bekannt gegeben worden sind,

² und doch sollten alle Nomaden in Furcht vor ihm sein.

Die Erfahrung des Volkes sagt:

Niemals wird Ägypten <in> den Sand geworfen werden.

Zeilen 6-10 verloren[b]

a. Gard. las fragend:
Jetzt nicht mehr zu erkennen.

b. Die von Gard. in Z. 10 gesehenen Zeichen entsprechen nicht den Spuren, die auf dem Photo erkennbar sind.

c. Unsichere Lesung nach dem Photo.

Sein (= Ägyptens) Held [3] vertreibt [sie], indem er zu euch spricht:

Nach Jahren [der Unterdrückung wird der Feind (?)] sich selbst

zerstören.

Die Tennen ihrer [................^{4}.....] sie dort, um seine Kinder
                                                          zu ernähren.

Es soll [.................................]
Es ist das Geschehnis, ohne [daß ....^{5}.....]
Da sagen die Soldaten [.......................]
$^{6-10}$[.......................................]
^{11}[.........................] euch Sandalen machen.
[...............................]
^{12}Stricke, [............................], Gummi,
          Lotosblätter, Lotosstengel [..............]
          [.................]^{13} als Übermaß an Lebensmitteln [des Landes.]

K.

Was Ipw-wr sagte, als er dem Allherrn antwortete:
Du hast ^{14} alle Geschöpfe betrogen.
Nur wer es nicht weiß, ist fröhlich im Herzen.
Hast du denn Glück für ihre Herzen geschaffen?
Hast du denn die Menschen unter ihnen belebt?
Sie verdecken aber^1 ihre Gesichter aus Furcht vor dem Morgen.

L.

[hieroglyphic text]

Es war einmal ein alter Mann vor seinem Tode,
dessen Sohn noch ein Kind war ohne Verstand.
[2] Er begann, [seinen] Ka zu verteidigen[a] [gegen den To]desdämon[b]
und hatte seinen Mund nicht geöffnet, um zu euch zu reden.
Ihr aber nahmt ihn hinweg im Todesverhängnis.
Es weinten [3]...........................[c]

       a. Wb III 336,19.
       b. Wb V 105,1
       c. In Zeile 3 sind nur unzusammenhängende Zeichen erhalten.

Die Zeilen 4-11 sind verloren.

[hieroglyphic text]

[...........................12....] nach euch.

Es war die Erde [.............................]

[.........................] 13 auf allenWegen.

Wenn man rief zum [.........................]

Es weinen aber die unter [der Erde wegen] ihrer [Feinde,]

14 die in die Serdab eindringen,

die Statuen verbrennen,

die [.................zer]stören

und die Leichen der Ehrwürdigen [herausreißen.]

1 Wie übel [.....................]

[................................]

[.................]2 für die Leitung der Arbeiten.

[...

AUSFÜHRLICHE ANMERKUNGEN

Um die Abfolge der einzelnen Textteile nicht zu sehr zu unterbrechen, sind einige längere Darlegungen, besonders zu Gardiners Lesungen, hier zusammengefaßt:

1. Zu II 9 (B 10)

Den stark abgeriebenen Text las Gardiner: [hieroglyphs] ...
Diese Lesung entspricht jedoch nicht den Zeichenresten, die etwa wie folgt aussehen:

[hieratic signs]

Danach kann nicht [sign] gelesen werden, sondern [sign]. Dieses Zeichen wird von den einzelnen Schreibern unseres Papyrus verschieden geschrieben; der in II 9 vorliegenden Form entspricht [sign] e.g. in IV 5.7, während andere Schreiber die Form [sign] bevorzugen (e.g. II 9, III 13, V 12 und öfter). Die Schreibung von [sign] unterscheidet sich dadurch schon von der von [sign], als der Determinativstrich nicht fehlen darf, was er an unserer Stelle täte. Aber auch die hieratische Form des Zeichens ist eine ganz andere, die zudem weitgehend konstant bleibt: [sign]
Zur Schreibung von ḫsf vgl. etwa IV 9: [sign] ,
zu der von [sign] etwa IX 2 [sign] oder IX 4: [sign]

2. Zu III 6 (B 23)

Mit Recht sagt Gardiner auf Tf. 3 n. f: „It seems impossible, to read [signs] out of the traces". Trotzdem ergänzt er dann im Text seiner Bearbeitung des Papyrus auf S. 32: [signs] , was allgemein übernommen wird (Faulkner:

„builders of pyramids have become..." bzw. Lichtheim „tomb-builders have become..."). Die sichtbaren Zeichenspuren sind: [Zeichen]

Daraus ergibt sich, daß keinesfalls [Zeichen] dagestanden haben kann, da dieses in unserem Text [Zeichen] geschrieben wird. Daher ist auch Goedickes Ergänzung (JARCE 6, 1967, 83) „m jnt ḫpr" nicht möglich; sie scheitert schon daran, daß dafür kein Platz vorhanden ist. Aber auch eine Lesung [Zeichen] scheidet aus. Wir müssen davon ausgehen, daß am Anfang unserer Stelle nur [Zeichen] gelesen werden kann; was folgt, ist so stark zerstört, daß keine sichere Aussage gemacht werden kann. Des möglichen Sinnes wegen kann man an [Zeichen] denken, dem die Zeichenreste nicht unbedingt widersprechen.

In die Lücke im Endteil der Zeile 6 kann man vor Beginn des oben als „Einschub I" bezeichneten Textes gerade die Einleitungsphrase „jw ms" einfügen, die ja auch den unmittelbar folgenden „Einschub II" einleitet. Es braucht daher hinter „nḥb" am Ende von B 23 kein weiteres Wort ergänzt zu werden.

3. Zu VIII 9 (C 34)

Die „nswtjw" (das Wb will II 334 sw.tjw lesen, ohne aber ein derartiges Wort aufzuführen), übersetzt Erman, Literatur, 143 mit „Schlächter", Faulkner mit „priests", Lichtheim mit „serfs". Es handelt sich aber bei diesen Leuten im Alten Reich zunächst um „Freibauern", die ihr Land frei verkaufen können, wie es die Inschrift des M<u>t</u>n vom Anfang der 4. Dyn. erkennen läßt. Gauleiter des ausgehenden Alten Reiches nennen sich u.a. „Vorsteher der nswtjw" (Helck, Verwaltung, 118). Im Koptos-Dekret G (Goedicke, Königliche Dokumente, 129. 134) gehören sie allerdings zu einem pr-šn[c], d.h. einer „Produktionsanlage" einer Tempelstiftung, was wenigstens für die Zeit Phiops' II. auf eine abhängige Stellung schließen läßt; ob man sie mit Goedicke als „Pächter" bezeichnen kann, bleibt offen. Sicher wird mit dem sozialen Abstieg dieser Bevölkerungsgruppe zusammenhängen, daß sie nach dem Alten Reich nicht mehr genannt werden. Daher ist ihr Auftreten in den Sprüchen des Textteils „C" der Admonitions für Datierungsüberlegungen wichtig. Ihre Beschreibung in den Admonitions weist wohl auf eine abhängige Stellung als Lebensmittelproduzenten hin, also in die Zeit Phiops' II. (bzw. etwas später).

4. Zu VIII 13 (C 37)

Gardiner emendierte das von ihm eindeutig gelesene 3pḥ zu 3pd „Enten", was bisher immer übernommen worden ist, auch durch Faulkner und Licht- heim. Aber schon das Wb I 9,4 verweist bei seinem Eintrag 3pḥ, wenn auch mit Fragezeichen, auf jpḥ „Schwein" mit Verweis auf die Große Opferliste in Medinet Habu (Nr. 45 = KRI V 164,5) beim Opfer für das Sokarfest. Wie oben bereits angegeben, sieht te Velde, Fs Kákosy, 571 Anm. * in jpḥ das „Ferkel". Unsere Stelle ist also ein weiterer Beleg für Schweineopfer, die aber anscheinend in der Zeit, in der der Textteil „C" der Admonitions entstand, nicht auf das Sokarfest beschränkt waren, sondern allgemein möglich waren. Die kultische Tabuisierung des Schweineopfers (vgl. E. Brunner-Traut, LÄ VI, 564) war also noch nicht durchgedrungen.

ZUR TEXTGESTALTUNG

Es läßt sich nicht entscheiden, ob der Gesamttext mit der erhaltenen stark fragmentarischen Kolumne I begonnen hat oder ob noch eine oder mehrere Kolumnen vorausgegangen sind. Eine Entscheidung hängt allerdings auch davon ab, wie die „Admonitions" interpretiert werden.

Eine Rekonstruktion des Anfangs der Kolumne I läßt es möglich erscheinen, daß der Text mit dieser Kolumne begonnen hat:

Ein Vergleich mit den anderen Kolumnen zeigt, daß von Kol. I ein Drittel der Zeilen an deren Ende erhalten ist. Soweit erkennbar, hatten die einzelnen Eintragungen dieses „Berufstextes" (Frg.) etwa die gleiche Länge. So ergibt sich die folgende Rekonstruktion:

d		c		b		a
g		f			e	
		i		h		
m		l		k		j

Es bestand der „Berufstext" (mindestens) aus 13 Eintragungen

Text A: Wahrscheinlich in I 5 begann eine Spruchsammlung, deren einzelne Sprüche mit der Phrase „Wahrlich, das Gesicht ist bleich" eingeleitet wurden. Dabei bestand jeder Spruch wiederum aus 2 Teilen, deren zweiter mit „Wahrlich" (jw ms) eingeleitet wurde. Diese Spruchsammlung endet in II 3; ein Teil ist mit dem Ende von Kol. I völlig verloren, der Anfang stark fragmentarisch auf Kol. I erhalten. Wahrscheinlich sind 10 solcher Sprüche anzunehmen.

Text B: Es schließt sich eine größere Spruchsammlung an, die durch „Wahrlich" (jw ms) eingeleitete Sprüche enthält. Dieses Corpus ist deutlich während seiner Tradierung in Unordnung geraten: Einmal sind Sprüche aus einer Sammlung von „kurzen" jw-ms-Sprüchen und solchen aus einer mit „langen" durcheinander geraten; außerdem sind eindeutig nicht zugehörige Einschübe vorgenommen worden. Man erkennt auch „Korrektursätze" sowie eine Fehlleistung beim Diktat. Folgende schematische Aufstellung ist erkennbar:

„kurzer" Text	Fehlein- trag	„langer" Text	topogra- phischer Text	politi- scherText	Einschub	Korrektur
B 1-23						
			Einschub I			
			Einschub II			
B 24-28						
	B 29-30					
		B 32-33				
B 34-35						
				Einschub III		
B 36-40						
						B 41 = 29
				B 42 (?)		
				Einschub IV		
		B 43-47				B 45 = 31
			B 48-55			
				Einschub V		
						Wieder- holung B 30

a. Warum die beiden Teile des „topographischen Textes" hinter B 23 eingefügt worden sind, läßt sich nicht mehr verdeutlichen. Sie fallen dadurch auf, daß sie wie sonst „Schultexte" fremde Produkte aufzählen. Daher scheint es möglich, auch den Einschub VI hinter D 3, der Unterägypten in ähnlicher Weise behandelt, dem topographischen Text zuzuordnen.

b. Eine größere Unsicherheit in der Textanordnung findet sich hinter B 28: B 29 steht wohl am richtigen Platz; die Niederschrift (beim Diktat) wird aber abgebrochen, weil ein Fehler (nḥbt statt nḥt) diktiert worden ist. Der Spruch wird als B 41 am Ende des „kurzen" Textes wiederholt.

B 30: wird am Ende des Corpus B wiederholt; vielleicht wegen geringfügiger Schreibfehler.

B 31 war Fehlansatz, da dieser Spruch in den „langen" Text gehört, wo er vollständig als B 45 wieder erscheint.

Die Unsicherheit an dieser Stelle endet damit, daß zwei Sprüche des „langen" Textes (B 32 und 33) eingefügt sind.

c. Die zweite Gruppe von Sprüchen des „kurzen" Textes umfaßt B 34-40, wobei bei B 35 ein kleines Textstück (Einschub III) zugefügt worden ist, dessen Herkunft unklar ist.

d. Am Ende des „kurzen" Spruchtextes mit B 40 folgt - wie bereits gesagt -, die korrigierende Wiederholung von B 29 als B 41 und ein Einschub IV, der nach Form und Inhalt nicht zu den jw-ms-Sprüchen gehört haben kann. Dazwischen steht B 42, wohl durch jw-ms eingeleitet, aber nach der Diktion nicht recht zu den Sprüchen des „kleinen" Textes passend. Deshalb und eben wegen seiner Stellung möchte ich in B 42 auch eine sekundäre Einfügung sehen.

e. B 43-47 gehören zu den Sprüchen des „langen" Textes und setzten die versehentlich schon früher gebrachten Sprüche B 32-33 fort.

f. B 48-55 ist ein eigenes Spruchkorpus, das zwar ebenfalls mit jw-ms eingeleitet wird und sicher deshalb hier angeschlossen worden war, das aber fast nur Zweizeiler enthält und thematisch eng auf die „innerpolitischen" Zustände beschränkt ist.

g. Ein deutlich später angehängter Einschub (Nr. V) ist der Spruch aus der Lehre des Amenemhet, der irgendwann seines Inhalts wegen dem Gesamt-Corpus „jw-ms" zugefügt worden ist. Noch später ist dann in der Tradierung des Gesamttextes die Wiederholung von B 30 anzusetzen, womit Text B abgeschlossen ist.

Gerade Text B zeigt also eindeutig, wie sehr der Urtext verändert, vermehrt und auch durcheinandergebracht worden ist.

Text C: Ein Corpus von 50 Sprüchen, die mit „Seht" (m.tn) eingeleitet werden; sie sind durchgängig Zweizeiler. Bei C 30 ist im vorliegenden Text ein eigenartiger Einschub (Nr. VI), der nur so erklärt werden kann, daß beim Diktat der letzten Vorlage unseres Textes der Diktierende sofort nach Beginn des Diktats von C 30 abbrach und einen anderen Spruch begann, der ihm in die Erinnerung kam. Als er jedoch merkte, daß dieser Spruch seiner positiven Einstellung nach nicht in das vorliegende Gesamtcorpus gehören konnte, brach er ab und ließ seinen Schreiber in der Zeile einen freien Raum freihalten - wohl zum Zeichen, daß ein Fehler vorlag. Der Schreiber wurde angewiesen, mit dem abgebrochenen Spruch C 30 weiter zu schreiben, was dieser dadurch ausführte, daß er vom schon geschriebenen zweiten Wort (ḫm) nur das Determinativ nachbrachte und dann fortfuhr. Der Kopist, dem wir den uns vorliegenden Text verdanken, hat diese Vorgänge getreulich wiedergegeben.

Text D: Ein Corpus von 3 jeweils längeren Sprüchen, die durch „Vernichtet ist / sind" eingeleitet werden (ḥḏw). Am Ende ist Einschub VII hinzugefügt worden, der vielleicht mit den beiden Einschüben I und II zum sog. „topographischen Text" gehört hat. Man kann annehmen, daß zu dem Zeitpunkt, an dem Einschub I und II sowie III in den Gesamttext gerieten, mit Text D der Gesamttext beendet war. Dafür spricht auch, daß der folgende Text,

Text E, zwar dadurch mit Text D verbunden ist, daß er das gleiche Verb als Einleitungswort benutzt, aber in der Formel „Vernichtet die Feinde der edlen Residenz" - also in einem positiven Sinn. Es waren 7 (oder 8 ?) Zweizeiler. Die starke Zerstörung des Papyrus verhindert eine genaue Feststellung.

Text F: 9 Strophen verschiedener Länge, die durch „Erinnert euch" eingeleitet werden. Auch dieses Corpus gehört zu denen mit positivem Inhalt.

Text G: Wahrscheinlich in der Zeile 10 der Kolumne XI des Papyrus, die stark zerstört ist, dürfte ein Text begonnen haben, der sich dadurch von den vorhergehenden unterscheidet, daß er nicht Versform und kein einheitliches Anfangswort für die Strophen aufweist. Das Thema ist der „Vorwurf an Gott", überhaupt die Menschen geschaffen zu haben. Dieser Text reicht bis XII 9.

Text H: 9 oder 10 Strophen verschiedener Länge, diesmal wieder alle durch eine stehende Phrase „Es ist wirklich gut" (jw jr.f ḥm nfr) eingeleitet aus einer Sammlung positiver Aussagen.

Text I: In der großen Lücke der Kol XIV beginnt wieder ein Prosatext, der wieder in den Bereich der negativen Feststellungen gehört und die schlechte militärische Lage beklagt. Die immer größer werdende Zerstörung des Papyrus macht eine Entscheidung unmöglich, ob

Text J mit Text I zusammengehört.

Text K: Hier ist der Textanfang erhalten und durch ein Rubrum erkennbar. Es ist die Angabe: „Was Jpw-wr sagte, als er dem Allherrn (d.h. dem König des M.R.) antwortete". Wegen dieser Angabe ist der gesamte Text als eine Auseinandersetzung zwischen dem „Weisen" und dem König angesehen worden. Nimmt man aber zur Kenntnis, wie der Gesamttext während der Tradierung aus verschiedenen Richtungen her zusammengewachsen ist und wir feststellen konnten, daß er einmal mit ziemlicher Sicherheit während der Tradierung mit Text D geendet haben dürfte, so darf man annehmen, daß Text K auch einmal ein Eigenleben geführt hat als „das, was Jpw-wr sagte". Das Rubrum ist also die „Überschrift" eines einst selbständigen Textes.

Text L wird wohl zu diesem Text gehört haben, mit dem mit Sicherheit der Gesamttext unseres Papyrus endete, da auf Kol. XVII erkennbar ist, daß am unteren Ende bereits Notizen in größerer Schrift standen, die nicht mehr zum Text gehörten.

Die hier vorgenommene Analyse des Textbestands legt es also nahe, die Admonitions nicht als ein geschlossenes Literaturwerk zu nehmen, sondern als eine im Laufe der Tradierung immer größer werdende Sammlung von Spruchcorpora. Zunächst sind es solche in Versform mit negativen Aussagen, dann werden solche positiver Ausrichtung aufgenommen, zuletzt vermischt mit negativ ausgerichteten Prosastücken, die sich gegen Gott und den König wenden. Mindestens für die Admonitions gelten also die Folgerungen, die S. Herrmann schon 1957 in seinen „Untersuchungen zur Überlieferungsgestalt mittelägyptischer Literaturwerke" gezogen hat.

ZUR TRADIERUNG

Wie schon kurz angedeutet, zeigt der Text eindeutige Zeichen dafür, daß er während seiner Tradierung sowohl nach Diktat niedergeschrieben wie unmittelbar von einer Vorlage kopiert worden ist. Dabei muß die Kopie der letzte Vorgang gewesen sein, der dann zu unserem Papyrusexemplar geführt hat, da Fehlkopien meist nicht durch Diktieren übertragen werden. So kann die fehlerhafte Zerlegung des Zeichens 𓏏 (= 𓏏) zu 𓏏 (= 𓏏) in VI 3 oder von 𓏏 (= 𓏏) zu 𓏏 in VIII 13 nur dem Schreiber unseres Exemplars angelastet werden. Das gilt auch für die verunglückte Kopie von 𓏏𓏏𓏏 in VI 13. Andere Verlesungen mögen früher im Laufe der Tradierung in den Text eingedrungen sein, wie 𓏏𓏏 für 𓏏𓏏 in XIII 1 und sicher 𓏏𓏏𓏏𓏏 für 𓏏𓏏𓏏𓏏𓏏 in X 13. Denn im zuletzt genannten Fall zeigt sich ein typischer Fehler, der bei der Niederschrift nach Diktat eintritt, nämlich das Mißverstehen des diktierten Wortes, was sich in dem Einsetzen eines falschen Determinativs anzeigt. Hiervon sind genügend Beispiele in der Textbehandlung gegeben worden; sie sind weitgehend dafür verantwortlich zu machen, daß die bisher vorgenommenen Übersetzungen der Admonitions an einigen Stellen, wie ewa X 1, zu unverständlichen Aussagen geführt haben. Eindeutig sind dafür Beispiele wie 𓏏𓏏𓏏 statt 𓏏𓏏𓏏 in V 8 oder 𓏏𓏏𓏏𓏏𓏏 𓏏𓏏𓏏𓏏 für 𓏏𓏏𓏏𓏏𓏏 in XIII 12.

Dabei ist es sicher kein Zufall, daß die Mißverständnisse, die auf ein Diktat zurückgehen, mit dem Ende der Kol. IV einsetzen und gewisse „Höhepunkte" haben (Kol. VI Ende bis VIII; X - XII), was darauf hinweist, daß mehrere Schreiber hintereinander das Diktat aufgenommen haben. Das gilt auch für die letzten Kopisten, da sich eindeutige Unterschiede in bestimmten hieratischen Schreibungen (etwa der Zeichen für 𓏏 und 𓏏) erkennen lassen.

Außerdem hat schon Gard. darauf hingewiesen, daß die Vorlage unserer Kopie besonders am oberen Rand beschädigt gewesen sein muß, da sich in den obersten wie in den untersten Zeilen Auslassungen von Wörtern häufen, die sogar in VI 1 und XI 13 durch Freilassen von Zeilenraum angegeben sind; meist allerdings hat der Kopist diese Lücke stillschweigend übergangen.

Endlich muß auch noch auf die immer wieder gestellte Frage nach dem Zeitpunkt der Abfassung der Admonitions eingegangen werden. Nach dem Ergebnis der hier durchgeführten Analyse ist die Frage aber so eigentlich nicht zu stellen, da der Text aus einzelnen, ursprünglich selbständigen Textteilen besteht und nachweisbar im Laufe seiner Tradierung immer größer geworden ist, indem neue Textteile hinzugefügt worden sind. Das ist bewußt geschehen, jedoch auch, wie einzelne der „Einschübe" zeigen, durch Fehlerinnerungen der Tradierenden. So muß eigentlich für jedes erkennbare Teilstück die Frage nach der Abfassungszeit gestellt werden. Der Sprache nach möchte man im allgemeinen die Zeit des Mittleren Reiches als die Epoche annehmen, in der die Teiltexte entstanden sind. Wegen der Nennung der nswtjw in dem Corpus der „Seht"-Sprüche möchte man diese recht früh ansetzen, da die Gruppe dieser „Freibauern" (o.ä.) eigentlich nur im Alten Reich auftritt. Wegen der Betonung des Handels mit Byblos und der Erwähnung von Kreta wieder macht der sog. „Topographische Text" den Eindruck, etwa aus der Mitte des Mittleren Reiches zu stammen. Die Nennung des Königs als „Allherrn" im Ipw-wr-Abschnitt verweist in die Zeit Sesostris' I. So lassen sich für einige der Einzelteile also verschiedene Abfassungszeiten innerhalb einer größeren Epoche möglich machen. Im Grunde spielt aber die Frage nach der Abfassungszeit keine Rolle, da die Admonitions eine im Laufe einer längeren Zeit zusammengewachsene Sammlung von Texten sind, die um die Topoi „gesellschaftliches Unheil" und „gute alte Zeit" kreisen. Der Text ist nicht geschlossen im Zusammenhang mit einem bestimmten historischen Ereignis geschaffen worden - sei es in der 1. Zwischenzeit oder in der Hykoszeit. Er ist ein unpolitisches, „literarisches" Sammelwerk, eine Art von Zitatensammlung für die genannten Topoi, vielleicht zusammengefügt für den Gebrauch von Schreibern des Lebenshauses. Daß natürlich dahinter ein irgendwann einmal in der Vergangenheit eingetretenes Ereignis die Vorlage gegeben hat, ist unbezweifelbar - nur sind die Admonitions nicht unmittelbare, „lebendige" Folge davon. Sie dürfen nicht historisch ausgewertet werden.